AF357609

23 Mai 1877.

Vente du Mercredi 23 Mai 1877

HOTEL DROUOT, SALLE N° 4

TABLEAUX MODERNES

ET

ANCIENS

MEUBLES, BRONZES, MARBRES

EXPOSITION PUBLIQUE : le Mardi 22 Mai 1877

DE UNE HEURE A CINQ HEURES.

COMMISSAIRE-PRISEUR :	EXPERT :
Mᵉ CHARLES PILLET	M. CHARLES GEORGE
10, rue de la Grange-Batelière.	12, rue Lafitte.

CATALOGUE

DE

TABLEAUX MODERNES

EN MAJEURE PARTIE D'ARTISTES ITALIENS

Dont trois BOLDINI, et autres, par JACOPSEN, etc, etc.

60 TABLEAUX ANCIENS

ET

OBJETS D'AMEUBLEMENT

Grand dressoir en chêne sculpté. — Meubles en marqueterie. — Bureaux. —
Grandes garnitures de cheminées. — Lustre

STATUES EN MARBRE

DONT LA VENTE AURA LIEU

HOTEL DROUOT, SALLE N° 4

Le Mercredi 23 Mai 1877,

A DEUX HEURES

Par le ministère de Mᵉ **CHARLES PILLET**, Commissaire-Priseur,
10, rue de la Grange-Batelière,

Assisté de **M. CHARLES GEORGE**, Expert, 12, rue Laffitte,

Chez lesquels se trouve le présent Catalogue.

EXPOSITION PUBLIQUE : le Mardi 22 Mai 1877,

DE UNE HEURE A CINQ HEURES.

D 5417

CONDITIONS DE LA VENTE

Elle sera faite au comptant.

Les adjudicataires payeront CINQ POUR CENT en sus des enchères.

L'exposition mettant le public à même de se rendre compte de l'état des Objets, il ne sera admis aucune réclamation une fois l'adjudication prononcée.

Paris. — Typ. PILLET et DUMOULIN, 5, rue des Grands-Augustins

DÉSIGNATION

BENSA (ERNESTO)

4 — Paysanne italienne.

BLANCKI

5 — Le Naturaliste.

BOLDINI

6 — Facteur italien.

BOLDINI

7 — Plage de Savone.

BOLDINI

8 — Page jouant avec une levrette.

BORANI

9 — Intérieur.

CARMIGNANI

10 — Paysage italien vu de la tour de Solférino.

CUPPIS (de)

11 — Porte à Florence.

ECOLE FRANÇAISE MODERNE

12 -- Pêches et raisins sur une table

ECOLE FLAMANDE MODERNE

13 — Pêches, raisins et insectes.

ECOLE HOLLANDAISE

14 — Bestiaux près d'une roche.

ECOLE ITALIENNE
(DEUX PENDANTS)

15 — Bouquets de fleurs.

ECOLE ITALIENNE

16 — Pêches et raisins.

ECOLE ITALIENNE

17 — Portrait du Coreggio.

ECOLE ITALIENNE

(DEUX PENDANTS)

18 — Fleurs et fruits.

GIGNOUX

19 — Ferme dans la campagne du Milanais.

GIOLI (F.)

20 — Visite d'Alfieri chez Goldoni.

GIOLI (F.)

21 — Visite de Goldoni chez J. J. Rousseau.

LEGA (s.)

22 — Environs de Florence.

LEGA (s.)

23 — Maison près de Florence.

LUXOR

24 — Landes italiennes.

MARKO

25 — Vue du lac de Trasimène.

REMBRANDT (d'après)

26 — Tête d'homme.

SARTORI (ENRICO)

27 — Manœuvre de cavalerie sur la place d'armes
de Parme,

SENNO (P.)

23 — Vue prise d'un lac suisse.

SIGNORINI

29 — Descente d'une diligence dans le Mont-Cenis effet de brouillard.

SIGNORINI

30 — Retour des bestiaux à la ferme. Soleil couchant.

TREBIA (A. DI)

31 — Paysage italien, vue d'un monastère.

TREBIA (A. DI)

32 — Paysage italien, vue prise dans le Bolonais.

TRIUMPHI

(DEUX PENDANTS)

33 — Beatrix et le Dante.

DELLA VALLE

34 — Fontaine sur la route de Livourne.

DELLA VALLE

35 — Station thermale près de Livourne.

SABATTINI

35 *bis*. — Bacchante — Vénus et Amours; deux jolies miniatures sur ivoire.

TABLEAUX APPARTENANT A M. X.

BOSSUET

36 — Une maison à Malines.

BRISSOT

37 — Paysage.

FLAMMS

38 — Vue du Rhin.

JACOPSEN

39 — Dans la forêt.

40 — Montaigle.

41 — Ruines près d'Autun.

42 — Idem.

43 — Vue boisée, près d'Ostende.

44 — Vue à Tronchiennes.

45 — Vue de l'Escaut.

46 — Vue du Châtelet.

47 — Un pont sur l'Amblève.

48 — Un ancien jubé.

49 — Près de Bâle.

50 — Environs de Nieuport.

51 — Le Mont Blanc.

52 — Sur l'Ourthe.

53 — Paysage.

54 — Vue de Bruxelles.

55 — En Savoie.

56 — Le Cloître.

57 — Paysage.

58 — Crypte de Sainte-Marie (Gand).

59 — Idem (vue intérieure).

60 — Écluse sur l'Houyon (Belgique).

61 — Ruines lez Villefranche.

62 — Lac de Chède (Suisse).

63 — Château de Chillon (Suisse).

64 — Paysage (le Tremble).

65 — Le Rabot (lez Gand).

66 — Vue prise d'Audenarde.

67 — Moulin à Bruxelles.

68 — Vue de l'Escaut, à Scheldenvindeke.

69 — Chemin creux, à Tucle.

70 — Vue près de Lessinès.

JARDIN (K. DU)

71 — Moutons.

LESY

72 — Maison des lépreux.

73 — Un moulin près de Dunkerque

74 — Vue près d'Annecy.

75 — Une vieille maison à Gand.

MARTELAERE (DE)

76 — Ruines.

77 — Vaches et moutons.

MOER (VAN)

78 — Paysage.

NOTER (DE)

79 — Vue de ville, animée de figures par Verbœckhoven.

PRUNIER

80 — Paysage.

SABATIER

81 — Paysage.

VÉRONÈSE (PAUL)

82 — Esquisse.

WOUWERMANS (PIERRE)

83 — Site boisé.

84 — Effet d'hiver.

INCONNU

85 — Le Philosophe.

86 — Environ soixante tableaux anciens, en majeure partie de l'école italienne, seront vendus sous ce numéro.

OBJETS D'AMEUBLEMENT

87 — Deux meubles d'entre-deux en marqueterie de cuivre sur écaille, avec ornements en bronze, dessus en marbre blanc.

88 — Très-grand lustre en bronze, garni de cristaux.

89 — Grande garniture de cheminée : pendule et candélabres, en bronze et marbre blanc.

90 — Très-grand dressoir en chêne sculpté, à panneaux représentant des trophées de chasse.

91 --- Table-servante en chêne sculpté.

92 — Deux fûts de colonne en stuc.

93 — Table en bois doré, le dessus garni en soie cerise.

94 — Deux plats à reptiles, en terre émaillée.

95 — Deux plaques en faïence hollandaise, décorées de marines.

96 — Grande pendule de style Louis XIV, en marqueterie de cuivre sur écaille, garnie de bronze.

97 — Grand bureau en bois rose et marqueterie, garni de bronze, style Louis XV.

98 — Deux banquettes garnies en cuir.

99 — Horloge à poids dans sa gaîne en chêne à moulures; le cadran daté 1777.

100 — Table en chêne, à pieds tors.

101 — Quatre escabeaux en bois sculpté.

102 — Marbre. — Vénus accroupie.

103 — Marbre. — Figure mythologique; statue de grandeur naturelle.

104 — Marbre. — Figure mythologique; statue de grandeur naturelle.

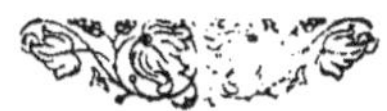

www.ingramcontent.com/pod-product-compliance
Lightning Source LLC
LaVergne TN
LVHW011010180726
843502LV00007B/2446

9782329501710